VISTA™

Identificar
causa y efecto

Cuando hablas de **causa y efecto**, dices por qué pasó lo que pasó.

Frases claves para hablar de **causa y efecto**:

Sé que _____ porque _____ .

Leí que _____ y por eso _____ .

La luz hace el arcoíris

trueno

¡BRUUUM!

rayo

SABELOTODO

Algunas tormentas tienen viento fuerte. El viento es aire que se mueve rápido.

Es de mañana y el viento sopla fuerte.
Vemos nubes oscuras en el cielo.

Oímos **truenos**. Vemos **rayos**.

gotas de lluvia

Grandes **gotas de lluvia** caen de las nubes.
El suelo y las plantas se mojan.

¿Qué son los **rayos?**

Las nubes de una tormenta contienen gotas de lluvia y lluvia congelada. Cuando las gotas chocan unas con otras, se producen los rayos.

Un rayo es una gran chispa eléctrica que se produce en el cielo. La luz que vemos se llama relámpago. Quédate adentro durante una tormenta con relámpagos y rayos; es peligroso.

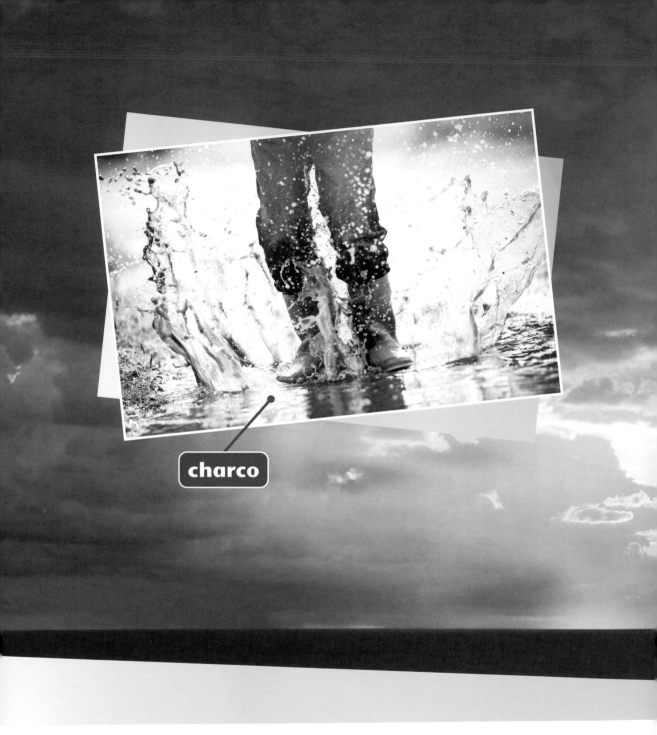

charco

Ya no hay rayos y deja de llover.

Hay **charcos** de agua en el suelo.

El cielo está azul. El sol brilla de nuevo.

En el aire flotan gotitas de lluvia que no
podemos ver.

La luz del sol atraviesa las gotitas de lluvia y se desvía. ¡Pronto veremos un arcoíris!

El arcoíris es un círculo de colores en el cielo.
Solo vemos la mitad del círculo.

En la parte superior del arcoíris está el color rojo. Los colores intermedios son anaranjado, amarillo, verde y azul. El violeta está en la parte inferior.

Los prismas hacen colores

Tú mismo puedes hacer los colores del arcoíris usando un **prisma**. Ilumina un lado del prisma.

prisma

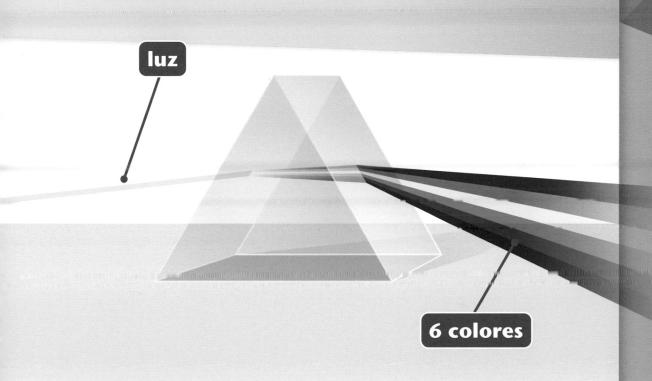

luz

6 colores

Cuando la luz atraviesa el prisma, se desvía
y se descompone. El prisma hace que se vean
los seis colores de la luz.

cascada

También se forman arcoíris en otros lugares.

Podemos ver un arcoíris en una **cascada**.

fuente

manguera

A veces podemos ver un arcoíris en una **fuente**.

¡Incluso en el agua que sale de una **manguera**!

La luz del sol tiene seis colores, pero no siempre podemos verlos todos.

Casi siempre lo que vemos es luz blanca.

La luz se mueve rápido y en línea recta.
Cuando eso sucede, vemos luz blanca.

Cuando la luz entra en el agua, se desvía
y pierde velocidad.

Cuando la luz se desvía y pierde
velocidad, podemos ver los colores.

Mira por la ventana en un día lluvioso.

Espera a que pare de llover y salga el sol.

¿Ves un arcoíris?

Tipos de arcoíris

Existen varios tipos de arcoíris.

Arcoíris doble
Cuando la luz solar se desvía dos veces dentro de la misma gota de lluvia, ¡se forma un arcoíris doble!

Arcoíris lunar Cuando la luz de la luna brilla a través de una gota de lluvia, ¡podemos ver un arcoíris lunar!

Arcoíris invertido ¡Mira lo que sucede cuando la luz del sol brilla a través del hielo!

cascada lugar donde el agua fluye desde un lugar alto

charco pequeña acumulación de agua en el suelo

fuente máquina que envía agua al aire

gotas de lluvia cantidades muy pequeñas de agua de lluvia

manguera tubo largo por el que se mueve el agua

prisma objeto que descompone la luz en colores

rayo descarga eléctrica que produce una luz brillante en el cielo durante una tormenta

¡BRUUUM!

trueno sonido fuerte producido por los rayos durante una tormenta